एक नई पहचान

Poetic Reflections on Changing Lives

Pr. Lemington Ashish David

BookLeaf Publishing

India | USA | UK

Dedication

To the everyday moments and silent struggles that shape our journey, and to the unseen hands of God that guides, comforts, and strengthens us through it all. May these words remind you of His constant presence in your life.

Preface

Life is a journey filled with experiences, challenges, and transformations. Each day brings new struggles, yet in the midst of them, we are never alone. God's presence, His grace, and His unfailing love guide us through every step.

"Ek Nai Pehchaan" (A New Identity) is a collection of Hindi Christian poetry that reflects this divine journey. These poems are inspired by our daily lives, our joys, sorrows, uncertainties and victories, showing how God works in every moment, shaping us, refining us, and transforming us into His image.

This book is not merely a collection of verses but a testimony of faith, hope, and renewal. Just as a potter molds clay into a beautiful vessel, God continuously shapes us through life's trials and triumphs, giving us a new identity in Him.

May these poems speak to your heart, remind you of God's presence in your life, and encourage you to embrace the transformation He brings.

Pr. Lemington Ashish David

Acknowledgements

I express my heartfelt gratitude to my Lord and Savior, Jesus Christ, who is the source of every word in this book. His unending love, grace, and presence in our daily lives inspire these poems. Through every joy and challenge, He continues to shape us into His image, giving us "Ek Nayi Pehchaan" (A New Identity).

A special thank you to my family, friends, and well-wishers who have encouraged me on this journey. Your prayers, love, and support have been invaluable. I am also grateful to my readers—may these poems resonate with your hearts, strengthen your faith, and remind you of God's presence in every moment of life.

Above all, to the One who calls us His own—Thank You, Lord!

मैं कौन हूँ
True identity

मैं कौन हूँ, मेरा मकसद क्या है?
क्या पहचान है मेरी, मेरा वजूद क्या है?

क्या हूँ बस मैं, एक भीड़ का हिस्सा,
अनकहा, अनसुना, एक अधूरा किस्सा?

सब उलझे हैं बस अपनी ही कश्मकश में,
किसे है परवाह कि उसकी सही कीमत क्या है?

अक्सर एक आवाज़ दिल पे दस्तक देती है,
मेरी शख्सियत का हाल मुझसे पूछ लेती है।
मैं अक्सर कोई उम्दा बहाना पेश करता हूँ,
वो अक्सर मेरा झूठ पहचान लेती है।

चलिए, आज खुद को एक पहचान देते हैं,
अपनी गुमनामी को एक नया नाम देते हैं।
ज़िंदगी से कहते हैं, अब मेरी पहचान मसीह से है,
मैं यीशु का हूँ, ये सबको बता देते हैं।

मैं ज़रिया हूँ, जिससे खुदा अपना प्यार दिखाता है,
मेरे हाथों ही से तो वो मदद का हाथ बढ़ाता है।
मेरी आँखों में झलकता है तरस मेरे यीशु का,
वो मुझमें होकर ही तो किसी के काम आता है।

चाहे रहूं मसरूफ मैं हर दिन अपने काम में,
चाहे लगा रहूं दिन-रात हर चीज़ के इंतज़ाम में,
मैं जानता हूँ, मेरी हर बात यीशु को महिमा देती है,
एक यही बात है, जो मुझे मुकम्मल पहचान देती है।

अपनी पहचान को यीशु में बनाए रखिए,
आप उसमें हैं और वो आप में, ये ध्यान रखिए।
मत ढूंढिए वो पहचान, जो कल खो जाएगी,
आप यीशु में हैं, ये पहचान अनंत तक साथ जाएगी।

न आपकी पहचान आपके धन और दौलत से है,
न आपका वजूद आपको मिली शोहरत से है।
भला साथ लेकर यह सब कौन इस जहां से जाएगा?
बस सच्चा नाम यीशु का आपको स्वर्ग ले जाएगा।

अपनी आँखों की धुंधली चादर हटाकर तो देखो,
वो नज़दीक है, आप भी तो करीब आकर देखो।
उसके मिलने से आपको पहचान मिल जाएगी,
अपने दिल में यीशु को बसाकर तो देखो!

दुनिया में आने से पहले ही वो आपको पहचानता है,
क्या काम है आपका मुक़र्रर, वो सब जानता है।

बड़े मकसद से उसने आपको जहाँ में भेजा है,
राजदूत हैं आप उसके, यही आपकी पहचान है।

अभी मैं उड़ना सिख रहा हूँ
Youth Challenges

अभी तो मैं जीना सीख रहा हूँ,
अभी तो सीखा है मैंने पंख फैलाना,
अभी तो मैं उड़ना सीख रहा हूँ।
समझ रहा हूँ दुनिया को अब पहले से बेहतर,
इसे अब अपनी ही नज़र से देख रहा हूँ।

कई डर हैं मन में, कई उलझनें,
कई सवाल हैं, और कई मुश्किलें,
कई बातें होंठों तक आकर ठहरी हैं।
किससे कहूँ, कौन सुनेगा?
मैं ख़ामोशी में कुछ बोल रहा हूँ।

कभी मन यूँ ही उदास हो जाता है,
कभी छोटी-सी बात पर ही बड़ा गुस्सा आता है।
बदलता रहता है मेरा ये मूड अक्सर,
कभी बेवजह ही रोना आता है।
बदल रही हैं मेरी फीलिंग्स, मैं अब बड़ा हो रहा हूँ।

काश, हमेशा नंबर वन होने का टेंशन सिर पर न होता,

काश, मेरा कम्पेरिज़न दूसरों से न होता,
काश करते कबूल सब मुझे,मेरी कमियों के साथ ही,
काश मैं अपनी बात खुल के कहने को,आज़ाद होता,
दूसरों जैसा बनने की कोशिश में,मैं अपनी पहचान खो रहा हूँ।

कोई तो हो बिना शर्त,मुझसे प्यार करने वाला,
बिन कहे हर बात को, खुद ही समझने वाला।
जिसे मैं बता सकूँ, अपना हर डर हर कमजोरी,
मेरी उदासी मेरे अकेलेपन में, हमेशा साथ रहने वाला।
ऐसा ही कोई दोस्त सच्चा, मैं अपने लिए खोज रहा हूँ।

जब से मैंने यीशु को, अपना दोस्त बनाया है,
बेझिझक हो उसको, अपना हर राज़ बताया है।
करता नहीं वो जज मुझे, कभी मेरी कमियाँ और खूबियों से,
पड़ता नहीं कोई फर्क किसी के लाइक, डिसलाइक या शेयर से,
अपने हर बेड एक्सपीरियंस को, अब में पीछे छोड़ रहा हूँ।

यीशु के साथ ने, मुझ में कॉन्फिडेंस जगाया है,
मैं जान गया की गॉड ने, मुझे यूनिक बनाया है।
लाइफ की हर प्रॉब्लम का सामना, मुझे वोर्रीयर की तरह करना है,
मुझे एक विनर बनकर, हर सिचुएशन से निकलना है,
अब हर दिन नयी एनर्जी के साथ, मैं आगे दौड़ रहा हूँ।

ये कैसा डर
Victory over Fear

ऐ मेरे दोस्त तुझे किस बात का डर सताता है,
ये कैसा खौफ तेरी आंखों में नज़र आता है।

क्या डर है तुझे अपनी जान खोने का,
वक़्त से पहले ही इस जहान से रुख्सत होने का,
रख भरोसा उस पर जिसने मौत पर भी फतह पायी है,
तेरी आशा ही है प्राण का मज़बूत लंगर, जो तूने प्रभु पे लगायी है।

शायद तुझे कल की चिंता सताती है,
जीवन की आंधियां तुझे डराती है।
रख होंसला और हर आंधी का कर सामना,
जिसने आंधी पानी को डांट थमाया,वो यीशु तेरा साथी है।

लगता है डर कोई अपना हम से बिछड़ जायेगा,
वीरान होगी दुनिया फिर ये गुलिस्तां उजड़ जायेगा।
मत भूल तेरे गुलिस्तां का वो खुदा ही माली है,
उसे परवाह है तेरी वो दाखलता तू डाली है।

एक डर ऐसा भी है की सब लोग अकेला छोड़ देंगे,

मेरे बिगड़े हालत में सब मुँह मोड़ लेंगे।
सब छोड़ दें तोभी खुदा हर दम साथ रहता है,
वो न छोड़ेगा न त्यागेगा ये कलाम कहता है।

हर रोज़ किसी अनहोनी की दस्तक आती है,
हर दिन कहीं कोई मायूसी की खबर आती है।
इन अफवाहों इन ख़बरों से अब हमें नहीं डरना है,
रखना है धीरज मन में और ध्यान वचन का करना है।

मत डर तेरा मन कच्चा न हो ये परमेश्वर यहोवा कहता है,
हम डर की नहीं परमेश्वर की संतान है जो हम सब में रहता है।
तुम्हे डर की नहीं सामर्थ की मिली है आत्मा,
कर फतह आज तू अपने हर डर पर, है विजेता से बढ़कर तू ये कलाम
कहता है।

बीता कल अब बीत गया
Embracing a New Day

बीता कल अब बीत गया और आने वाला कल आया नहीं,
कल की चिंता करने में, कहीं आज तो गवायाँ नहीं ।

आज का दिन एक अवसर है, बस आज की खुशियां जीने का,
गीन गीन कर अपनी हर आशीष, रब को शुक्रिया कहने का।
कहीं कल की चिंता करते-करते, आज ये गुज़र जाये ना,
कल को याद रखने में, कहीं आज तो भुलाया नहीं।

आज आप ज़िंदा है, रूबरू हैं खुदा की कुदरत से,
आज मिला है एक और दिन, हमें उसकी ही रेहमत से।
आज कुछ लोग जहाँ से, कहकर अलविदा चले गए,
हर दिन है बड़ा ही कीमती, इसे युहीं तो बिताया नहीं।

जनम से लेकर मरण तक, कल की चिंता जारी है,
हर पड़ाव पर जीवन के, कल आज पर भारी है।
अपने कल की सारी चिंता, यीशु मसीह पर डालिये,
वो हरदम साथ है आपके,उसने कभी भी भुलाया नहीं।

वचन कहता है, आशा में आनंदित रहिये,

बस कुछ बेहतर होने को है, ये दोहराते रहिये।
ढूंढते रहिये ख़ुशी हर छोटी- छोटी चीज़ में,
करके चिंता जहान भर की, किसी ने कुछ पाया नहीं।

हर परिंदे को परमेश्वर भोजन खिलाता है,
मैदानों की घांस को, मखमली लिबाज़ पहनाता है।
हम कल क्या खाएंगे क्या पहनेंगे, ये चिंता तुम्हे क्यों सताती है,
तुम हो इन सब से कहीं बढ़कर, क्या बाइबिल ने ये बताया नहीं।

यदि आज तू मेरा शब्द सुने, तो दिल को कठोर ना कर,
फलने दे वचन के बीज को, कोई रोक ना कायम कर।
संसार की चिन्ता और धन का धोखा, निष्फल ना कर दे आपको,
नाबनिए ऐसा दरख्त, जो कोई फल लाया नहीं।

मैं ने तुझे नाम ले कर बुलाया है, तू मेरा है,
मेरी दृष्टि में तू अनमोल और प्रतिष्ठित ठहरा है।
ना अग्नि ना पानी से तेरी कुछ भी हानि होगी,
क्या परमेश्वर ने आपको , ये यकीं दिलाया नहीं।

जब हर काम में आपके, परमेश्वर मौजूद है,
आपका वर्तमान और भविष्य, दोनों उसमें मेहफ़ूज़ है।
यीशु की संगती में आप, हर रोज़ बढ़ते जाइये,
अब आप के जीवन पर, चिंता का साया नहीं।

मैं ख़ूबसूरत नहीं
Body Shaming

मत कहिए की मैं ख़ूबसूरत नहीं,
किसी को मेरी ज़रूरत नहीं।

अलग शक्लोसूरत अलग रंगरूप,
अलग-अलग कदकाठी, जुदा-जुदा सब का रूप।
पर सब इन्सां हैं ख़ुदा की कारीगरी,
वो कौन है जिसे ख़ुदा ने बनाया नहीं।

न कोई सुन्दर और न कोई कुरूप है,
हर एक में बसा ईश्वर का ही रूप है।
हर एक को बनाया उसने बड़ा ही नायाब,
उनके हाथों के नक्श भी एक जैसे नहीं।

न सोच तेरे होने में ख़ुदा की मर्ज़ी नहीं,
तेरा होना उसके लिए अनहोनी नहीं।
तू बड़ा भयपूर्वक और अद्भुत रीति से है बनाया गया,
तेरी एक हड्डी भी उससे छिपी नहीं।

मुख़्तलिफ़ से मुहब्बत करता है ख़ुदा,

क़ायनात में नित नए रंग भरता है ख़ुदा।
हर ज़र्रा बनाया उसने अपने ही हाथ से,
क्या आप को भी उस रब ने बनाया नहीं।

ना कहिये ख़ुदा ने मुझे कुछ बेहतर बनाया होता,
किसी और के जैसी ख़ूबियों से मुझे भी सजाया होता।
जो मिला है आप को, उससे कई लोग महरूम है,
इस बात पर आपने, क्यों गौर फ़रमाया नहीं।

आप बहुत खास हैं, जो जुदा है सबसे आप में वो बात है,
मत जानिए कमतर खुद को , कभी दूसरों के सामने।
आप ने पाया है प्रेम मसीह का, मसीह जैसा दिल आपके पास है,
बेशर्त पाई है आपने यीशु की मुहब्बत, बदले में कोई दाम चुकाया
नहीं।

महरूम है ख़ुदा के प्यार से, दूसरों की आज़माइश करने वाले,
देख कर किसी के नाकनक्श, हँस के तंज़ करने वाले।
भूल जाते हैं क्यों की हर इंसान में ख़ुदा का अक्स बस्ता है,
बदनसीब है जो ख़ुदा को जान पाया नहीं।

न जाने कब
Depression

न जाने कब में इस ख़ामोशी का शिकार हो गया,
छूट सी गयी हर आस जीने की, में ज़िन्दगी से बेज़ार हो गया।

गिरता ही गया बेबसी के, एक अंधे कुंए में,
घिरता ही गया, अपने ही बने दायरों में।
हर कोशिश उबरने की, तब होती गयी नाकाम,
जब में अपनी ही सोच से, लाचार हो गया।

लगता है जैसे जीने का हर मकसद, खो गया,
छूट गया हर साथ, में अकेला रह गया।
खोता गया बस, अपनी ही कशमकश में,
मैं खुद को मिटाने को, तैयार हो गया।

मेरी उदासी का सबब, कौन जानता है,
ये मायूसी का आलम, कौन पहचानता है।
साथ सब हैं, फिर भी में तनहा हूँ
इस हाल में जीना, दुष्वार हो गया

कई बार बिन कहे आवाज़ दी, मुझे बचालो,

में फसा हूँ इस दलदल में, मुझे बाहर निकालो।
न जाने कैसे खौफ ने, मुझ को जकड़ रक्खा है,
क्यों मैं मदद पाने में, नाकाम हो गया।

इस ख़ामोशी में, एक धीमी आवाज़ सुनाई दी है,
इस अँधेरे को चीरती, एक रौशिनी दिखाई दी है।
थक हार के जब मैंने पुकारा, नाम यीशु का,
उस लम्हे से, वो मेरा मददगार हो गया।

तोड़ दी हर जंजीर, जो मेरी सोच पे पड़ी थी,
डहा दी हर दिवार, जो मुझे घेरे खड़ी थी।
मैंने सत्य को जाना, और सत्य ने किया मुझे स्वतंत्र,
में अपनी हर कैद से, आज़ाद हो गया।

बस खुद को मिटा देने का जुनूं, मुझ पे सवार था,
अपने हर गलत फैसले पर, मैं बेहद शर्मसार था।
जान देकर भी मिल न पाती, नज़ात मुझको,
पर मेरी एवज़ में मसीहा, खुद कुर्बान हो गया।

अब है न कोई रंजोगम, न शिकवा शिकायत कोई,
न रही कोई उलझन, न रही कश्मकश कोई।
यीशु के आने से, बदल गयी अब सारी फ़िज़ा,
अब मैं भी एक नया, इंसान हो गया।

वो सब को खुश रखता है!
Father, A Source of inspiration

वो सब को खुश रखता है

कभी गुलदस्ता तो कभी हार,
चाहे बंग्ला चाहे कार,
आज नगद कल उधार,
पर वो सब को खुश रखता है।

कभी काम की मार कभी बॉस की फटकार,
कभी पब्लिक ट्रांसपोर्ट में भीड़ के धक्के, तो पैदल कई बार,
कभी-कभी फर्स्ट्रेशन मीटर डाउन कर देता है,
चाहे बीमार हो फिर भी काम तो चलता रहता है।

अगर काम न किया तो पैसे कहाँ से आएंगे,
कैसे होगी पूरी ज़रूरत सबकी,घर कैसे चलाएंगे।
हर ज़िम्मेदारी उसे, बखूबी निभाना है,
अपनो का कल भी मेहफ़ूज़ रहे, इतना आज कमाना है।

मुस्कुराता छुपा के सारे ग़म न होने देता कभी आँख नम,
कायम रखता होंसला सबका,न होने देता कभी हिम्मत कम।
किसी की मासूम आंखों में वो सुपर हीरो बन के रहता है,
पहने कवच हरदम सख़्ती का, दिल से नाज़ुक इंसान रहता है।

हर उम्मीद पे खरा उतरना है उसे,
द्रढ़ चट्टान बन आगे खड़े रहना है उसे।
डरना उसका बुझदिली कहलायेगा,
डर में भी हर चुनौती से लड़ना है उसे।

ना पूछा किसी ने, ना उसने कभी बताया,
ना गौर किया किसी ने, ना ही उसने कभी जताया।
दर्द उसे भी कभी होता है, तन्हाई में कभी वो भी रोता है,
कमज़ोर होता है वो भी, चाहे जितना बने सख्त,
सच तो ये है की, हर मर्द को दर्द होता है।

कभी हार जाने का डर, उसे भी सताता है,
पर डर के आगे जीत है कह कर, हर बाज़ी खेल जाता है।
कभी जीत के हर बाज़ी, अपनी जिंदगी की,
कभी खुद ज़िन्दगी से ही, हार जाता है।

क्या राज़ है उसके जीने में, वो सब कुछ कैसे कर पाता है,
कैसे रखता है वो खुश सबको, इतनी सामर्थ कहाँ से लाता है।
अगर गौर से देखेंगे तो आप ये जान पाएंगे,
एक सच्चे पिता की अहमियत को, आप पहचान पाएंगे।

आपके पिता के हर काम में, परमेश्वर पिता साथ रहता है,

परमेश्वर के वचन और प्रार्थनाओं से,वो सदा आशान्वित रहता है।
प्रतिदिन परमेश्वर की सामर्थ से वो हर जंग जीत जाता है,
बस यही राज़ है जो वो सब को खुश रख पाता है।

अनमोल नियामत
A Priceless Blessing

खुदा ने बक्शी है नियामत हमें माँ-बाप देकर,
गले लगाते हैं जो हमें अपनी जां कहकर।
खुद रब ने दी है इस रिश्तें को अहमियत और इज्जत,
करना आदर अपने माता-पिता का ये फरमान देकर।

तुम्हारी ख्वाहिशों पे वो खुद भी निसार होते हैं,
तुम्हारे सपनों पे वो सब कुछ अपना वार देतें हैं।
हर कुर्बानी उनकी हमेशा तुम्हे याद रहे,
भुला न देना तुम उन्हें खुदगर्ज़ होकर।

छुपाए दिल के बोझ भारी, जो तुम संग मुस्कुराते हैं,
कभी नम आँखों से अश्क भी, छलक ना पातें हैं।
उनकी हर कोशिश चाहत का इज़हार होती है,
चाहते कुछ भी नहीं बदले में, वो सब कुछ देकर।

तेरी गलतियों को नादानी कह, जो माफ़ करतें हैं,
खो ना जाओ गुनाहों की भीड़ में, वो परवाह करतें हैं।
कई बार तुम्हारे कारण होना पड़ा शर्मसार उन्हें,
कई बार चुप थे वो झूठा इलज़ाम सहकर।

इस पाक रिश्ते का मोल कलाम यूं बताता है,
सलीब पर होकर भी मसीह को माँ का ध्यान आता है।
परमेश्वर ने जब माता-पिता के आदर की ताकीद की,
किया वायदा भी लम्बी उम्र का, तुम्हे आशीष देकर।

कभी ना कहना की जो हक़ उनका था कुर्बान हो गया,
ये न सोचना की में इस फ़र्ज़ से आज़ाद हो गया।
ईश्वर के सामने बहाने कुछ चल न पाएंगे,
धिक्कारा है मसीह ने फरिसीयों को ढोंगी कहकर।

कल जब न होंगे तब वो याद आएंगे,
तब तक शायद आप भी माँ- बाप बना जायेंगे।
कलाम कहता है जो बोएंगे वही पाएंगे,
निभाना फ़र्ज़ अपना सदा ये ध्यान देकर।

तू खून न करना
Stop Violence

जब किसी की जिंदगी उससे, छीन ली जाती है ।
साथ मरते हैं कई सपने, कई उम्मीदें तोड़ दी जाती है।

हर दिन चारदीवारी में रिश्तें, लहू लुहान होतें हैं,
भुला के अपनी सच्ची पहचान, हर मर्यादा खोते हैं।
घुटती चली जाती हैं साँसे, दहलीज़ों के भीतर ही,
न जाने कितने दम तोड़ते, अरमान होतें हैं।

किस कदर कोई किसी से, जीने का हक छीन लेता हैं,
दिल दहल जाये, इस कदर गहरे ज़ख़्म देता हैं।
क्यों काँपतें नहीं हाथ,अपने ही किसी को ऐसा दर्द देते,
कितना संगदिल बन कोई, इस गुनाह को अंजाम देता हैं।

क्या वेह्शत हैं,क्या हैवानियत, खुदा जाने,
रिश्तों को क्या हो गया हैं, खुदा जाने।
क्यों बर्दाश्त करना मुश्किल हैं, एक दूसरे को आज,
क्यों अपने बन गए बेगाने, खुदा जाने।

एक घर ही तो सबसे मेहफ़ूज़ जगह होती हैं,

जिसकी बुनियाद भरोसे पर ही, कायम होती हैं।
जब घर ही बन जाये रुस्वाई और बेबसी का सबब,
तब जिन्दगी अपने ही घर में, मौत से बत्तर होती हैं।

सह कर जुल्मो सितम, वो कहतें है चुप रहो,
दबा के चीख अपनी, सब कुछ ख़ामोशी से सहो।
लाख कोशिश कर के भी, आज़ाद तुम हो न पाओगे,
कर समझौता हालात से, इस हाल में ही जीते रहो।

हर जिंदगी की अज़मत है, ये किसी की मिलकियत नहीं,
न गुलाम है कोई किसी का, किसी की कोई हुकूमत नहीं।
हर इंसान को बक्शा है हक़,खुदा ने भरपूर जीने का,
खुदा को छोड़ इस जहाँ में,कोई मालिक नहीं।

गर ज़िन्दगी दे नही सकते, तो छीनने का क्या हक़ है,
गर इज़्ज़त दे नही सकते, तो रिश्तों का क्या हक़ है।
एक इंसान होकर, जो न समझे दूसरे इंसान का दर्द,
उस इंसान को इंसान कहलाने का, क्या हक़ है।

तू खून न करना, ये फरमान खुदा का है,
तेरा हर गुनाह, खुदा देख रहा है ।
हर एक गुनाह की अपने, तू माकूल सज़ा पायेगा,
जो मारेगा किसी को,वो भी एक दिन मारा जायेगा।

प्यार बड़ा हसीं एहसास है
Love and Relationship

सुना था अक्सर
सुना था अक्सर, की प्यार बड़ा हसीं एहसास है,
खुशनसीब होतें हैं वो लोग जिनका हमसफ़र उनके साथ है।
बड़ी रूमानियत और बड़े ही रंगीन होते है, ख्वाब मुहब्बत के,
मुकम्मल है वही इंसान, जिसका प्यार उसके पास है।

क्यों चाह कर भी मुझे, सच्ची मुहोब्बत न मिली,
क्यों मुझे उल्फत के बदले, रुस्वाई मिली।
मेरी ही चाह में, कोई कमी रह गयी शायद,
मेरी ही खता के कारण शायद, आज ये बिगड़े हालात है।

उसके जाने से, चली गयी पहचान मेरी,
उसके खोने से खो गयी शख्सियत मेरी।
उसका होना ही बनाता था, पूरा इंसान मुझे,
उसके न होने से, अधूरी मेरी पहचान है।

अपने हाल का मैंने, खुदा को इलज़ाम दिया,
क्यों छीन गयी मेरी मुहब्बत,उससे ये सवाल किया।
खुदा ने कहा तेरा दिल आज भी मुहब्बत से भरा है,

प्यार तेरे भीतर है और तू बहार ढूंढ रहा है।

सच्ची मुहब्बत कोई इंसान कैसे दे पायेगा,
जो उसके पास है नहीं, वो कहाँ से लाएगा।
बेशर्त मुहब्बत आप को बस यीशु से मिल पायेगी,
जो आप के प्यार में सलीब पे कुर्बान है।

जिस किसी ने अपनी मोहब्बत खोयी है, उनसे आज बस इतना कहना
है,
हर खालीपन को भरदे जो, यीशु की मुहब्बत में वो बात है।
दिल के हर ज़ख्म को चंगा कर दे जो, ऐसा यीशु का साथ है,
एक बार यीशु से दिल लगा कर तो देखिये,
जिसमें बसी है मुहब्बत खुदा की,सारे जहाँ का प्यार उसके पास है।

मेरी ख़ुशी का राज़
The Secret of My Happiness

अक्सर लोग पूछतें हैं, क्यों आप में सुकून और इत्मीनान दीखता है,
क्या राज़ है आप की ख़ुशी का, क्या आप को भी कभी डर लगता है।

मुझे ये आनंद ये ख़ुशी, मेरे मन की आशा देती है,
हर चिंता हर मायूसी को, मुझ से दूर कर देती है।
किसी चीज़ को अपनी ख़ुशी का सबब, बनायें क्यों,
जब हर चीज़ वक़्त के साथ, साथ छोड़ देती है।

आप किस बात पर, अपनी आस लगाएंगे,
किस कामयाबी को, अपनी ख़ुशी की वजह बताएंगे।
सब हांसिल करने की जद्दोजहद में, उम्र हाथ से निकल जाएगी,
काश! जिए होते चंद पल सुकून के, ये सोच ता-उम्र पछतायेंगे।

अपनी आशा का लंगर, उथली रेत पे न डालिये,
अपने जीवन की किश्ती को, थोड़ा सम्भालिये।
तेज़ भंवर में फंसकर, ये मझधार मैं ही डूब जाये ना,
यीशु बनेगा मांझी, उसे आज ही पुकारिये।

हर कठिन दौर में हमें, आशा जिन्दा रखती है,

हर हालात से लड़ने का, होंसला हमें देती है।
गिरतें है हम कई बार, पर फिर उठ खड़े होतें है,
यीशु की सामर्थ , फिर जोश नया भरती है।

न कहिये मेरा आसरा, मेरी मिल्कियत पर है,
न सोचिये मेरी सलामती जिम्मा, मेरी दौलत पर है।
ख़ाली हाथ होकर भी, कर दे जो कई को धनवान,
ऐसा है वो इंसान, जिसका भरोसा यीशु पर है।

मन में आशा रखने वाले, हर तूफान को झेल जातें है,
अपने सच्चे विश्वास के दम पर, हर जंग जीत जातें है।
कायम रहता है वजूद सदा, रब पर भरोसा रकने वालों का,
न जाने कितने पा कर शिफा, मौत से लौट आतें है।

मसीही जीवन है नाम, आशा में आनंदित रहने का,
विजय होने का निराशा में, हर हाल में खुश रहने का।
मेरी ख़ुशी की बुनियाद और जरिया,बस यीशु ही है,
मैंने पाया है वरदान, सदा यीशु को धन्य कहने का।

अब नींद आँखों से, ओझल है
Mental Health

अब नींद आँखों से, ओझल है,
ये दिल इतना क्यों, बोझल है।
हर रात कटती है, करवटों मैं,
ख्यालों में, बड़ी हलचल है।

हर वक़्त जहन में, कुछ चलता रहता है,
कितने सवालों में, मन उलझा रहता है।
होती है बैचेनी, हर छोटी छोटी बात में,
कुछ गलत न हो जाये कहीं, दिल डरता रहता है।

ए-दिल-ए नादाँ, ज़रा कुछ तो सुक़ून कर,
छोड़ इतनी बैचेनी, यूँ जूनून न कायम कर।
इतना सोच सोच कर, क्या बदल जायेगा,
लगाम दे रफ़्तार को, खुद को न ग़ाफिल कर।

परमेश्वर अपने लोगों को, नींद यूँ ही दान करता है,
यीशु का साथ बेचैन दिल को, आराम देता है।
जिस किसी ने दिल में, यीशु को बुलाया है,
वो हर हाल में, इत्मीनान से रहता है।

हर बोझ आपका, यीशु ही उठाएंगे,
हर तनाव से आपके,यीशु निकाल लाएंगे।
जब रखोगे भरोसा उस पर, तो नींद भी अच्छी आएगी,
हर बिगड़ी बात आपकी ,यीशु ही बनाएंगे।

कामयाबी के मायने
Success Redefined

इस दौरे ज़िन्दगी में, कामयाबी के मायने क्या है।
क्या है फ़ल्सफ़े तरक्की के, ख़ुशी के पैमाने क्या है।

आज ख़ुशी दूसरों की, मंज़ूरी की मोहताज है।
भ्रम और धोके से बूना, एक कल्पना का संसार है।
मशगूल हैं सभी अपने ढंग से,खुद को कुछ साबित करने में,
बदहवासी और उलझनों में ज़िन्दगी बेज़ार है।

कामयाबी की ऊँची मीनारें,नाज़ुक बुनियाद पे खड़ी है।
दहल उठती है हल्की चोट से, क्यों ये कमज़ोर बड़ी है।
तूफान का बस एक झोंका, हिला जाता है सारा वजूद,
सब कुछ चाहिए या फिर कुछ भी नहीं, ये ज़िन्दगी कैसी ज़िद पे अड़ी
है।

क्या फ़ाइदा है गर पूरी दुनिया हासिल कर,अपनी जान से महरूम हो
गए,
रोशन कर कुछ पल जहाँ को, फिर किसी अँधेरे में गुम हो गए।
बात तो तब थी की ये रोशनी कायम रहती, करती रहती खुद से जो
औरों को रोशन,

बुझा के चिराग उम्मीद का क्यों गुमनामी में खो गए।

जो ज़िन्दगी हम अकेले में जीतें हैं, वही असली ज़िन्दगी होती है,
बाहर से जैसी दिखाई दे, मुमकिन है कई बार वैसी नहीं होती है।
असल ज़िन्दगी में गम और ख़ुशी के अहसास भी असली होते है,
जो तय कर पाए अपने गम और ख़ुशी के मायने, जीत उसी की होती
है।

अपनी सफलता को दूसरों की नज़र से मत आंकिये,
अपने हर एहसास के लिए अपने मन में झांकिए।
खुद ढूंढिए वजह अपने, हर अच्छे-बुरे एहसास की,
हर फैसले को अपने, हकीकत से जांचिए।

कल जो दौलत और शोहरत न रही, तो क्या होगा,
रब ने बनाया है नायाब आपको,ये वजूद फिर भी बना रहेगा।
गर चाहेंगे तो हर हाल में, आप ख़ुशी की वजह, ढूंढ ही लाएंगे,
पुरानी कहानियां ख़त्म कर, नयी दास्तानें बनाएंगे।

जब कामयाबी को बस क़ाबलियत से ही तोला जाता है,
हर दम खुद को साबित करने में, बस इंसान खो जाता है।
जब कामयाबी की वजह आपकी, खुदा का करम होता है,
वो देता है इत्मीनान दिल को, सारी चिंता हर लेता है।

हर शै आज़मायी आपने, एक बार यीशु को आज़माइये,
चाहे जितनी गहरी निराशा हो, एक बार उसे बताइये।
हर दर्द सहा है उसने, इसलिए वो हर दर्द को जानता है,
अपनी बेबसी में उसको,अपना हमदर्द बनाइये।

यीशु ना किसी धर्म, ना जाती, न मज़हब का नाम है,
वो दोस्त है, वो पिता है और ईश्वर भी,यही उसकी पेहचान है।
आपकी कमजोरियों,खामियों और नाकामी से, वो नावाकिफ हरगिज़
नहीं,
डूबते को बचाना, गिरते को उठाना, यही उसका काम है।

रिश्तों का मोल
Cherished Bonds

किसी ने पूछा जिंदगी मैं रिश्तों का क्या मोल होता है,
क्या कीमत है मुहब्बत की, वफ़ादारी का क्या मोल होता है।
रिश्तें वो शै नहीं, जो बाजार मैं बेचे और खरीदें जाते हों,
अनमोल हैं दिल के रिश्तें, उनका कहाँ कोई मोल होता है।

कुछ रिश्तें जन्म से मिलते है कुछ रिश्तें हम बनातें है,
वैसे ही होतें हैं आप के रिश्ते, जैसा आप उन्हें निभातें है।
परवाह करतें है आप की, आप की गलतियाँ भी बताते है,
सच्चे रिश्तों की पहचान है यही,मुसीबत में सदा काम आतें है।

कई लोग सोचतें है,रिश्तों में बस उल्झने होती है,
होते हैं कई दायरे, कई बंदिशें होती हैं ।
उनके लिए रिश्तों में, कमिटमेंट की कोई जगह नहीं,
वो कहतें हैं रिश्ता अच्छा वही, जिसे तोड़ देने की आज़ादी होती है।

हर नए रिश्तें को जरा समझदारी से बनाइये,
परख लीजिये सौ बार,फिर आगे कदम बढ़ाइये।
कई बार जेहरीले रिश्तें,ज़िन्दगी मैं जहर घोल देतें हैं,
अपनी ज़िन्दगी को ऐसे रिश्तों से,तबाह होने से बचाइये।

रिश्तों के ताने-बाने तो दिलों से जुड़े होतें है,
कभी पति-पत्नी कभी माता-पिता, कभी भाई-बहन,तो कभी दोस्त
होतें है।
ये रिश्तें ही बनातें है आपकी ज़िन्दगी को मुकम्मल,
आप के हर सुख-दुःख मैं, रिश्तें ही साथ होतें है।

परमेश्वर ने हमें, रिश्तों मैं रहने के लिए बनाया है,
यीशु ने हमे, बेशर्त रिश्ते निभा कर दिखाया है।
मसीही जीवन में है, हर रिश्ते की बड़ी अहमियत,
तू दूसरे को खुद से अच्छा समझ, बाइबिल ने हमे यही सिखाया है।

हर रिश्ते से बढ़कर, आपका रिश्ता अपने खुदा से होता है,
इस जहाँ में आने से पहले ये रिश्ता,आप से जुड़ा होता है।
एक दिन जहां के सारे रिश्तों को,आप अलविदा कह जायेंगे,
यीशु से जुड़ा रिश्ता, फिर भी जुड़ा रहता है।

सच्ची कामयाबी

The Essence of Success

जब कामयाबी सर चढ़ कर बोलती है,
कई अन कहे राज़ खोलती है।
शोहरत जब जूनून बन जाति है,
तब न जाने क्या-क्या रंग दिखाती है।

हर रास्ता है इख्तियार बस कामयाबी मिल जाए,
जान लेने को भी हैं तैयार, जो कामयाबी मिल जाए।
न परवाह इज़्जत की, न किसी समझौते से परहेज़,
सब कुछ लगा है दांव पर, बस कामयाबी मिल जाए।

शोहरत का वो आलम हो, की पैर न ज़मीं पर पड़े,
शानो शौकत हो ऐसी की, सब सर झुकाये हों खड़े।
अपनी ऊंचाई से फिर, हर कद बोना दिखाई दे,
जब कभी ये नज़रअपनी,आसमां से ज़मीं पर पड़े।

झूट और फरेब से जो कामयाबी पायी, तो क्या पाया,
मदहोशी में गुरुर के जो शोहरत कमाई, तो क्या कमाया।
रहे महरूम उम्र भर सच्चे प्यार से, सच्चे सुकून और दिल के इत्मीनान
से,

खाली हाथ ही चले गए जहां से, तो फिर क्या पाया।

मशहूर और कामयाब होने में,कोई बुराई नहीं,
जब सब हांसिल किया है मेहनत से,कोई चीज़ चुराई नहीं।
रब खुद चाहता है आपको, कामयाबी की बुलंदी पर देखना,
बस शर्त है आपने खुद की, ईमानदारी गवाई नहीं।

सच्ची कामयाबी जीवन में, परमेश्वर की आशीष से आती है,
देती है हमे नमृता और दया, एक बेहतर इंसान बनाती है।
इन कामयाबी में हरगिज़ नहीं होता, कोई झूट और फरेब,
ईमानदारी और मेहनत से मिली कामयाबी ही, परमेश्वर को भाती है।

गर कामयाबी में आपकी परमेश्वर साथ हो,तो क्या बात है,
यदि शोहरत में आपकी शराफत भी साथ हो,तो क्या बात है।
बात इसमें नहीं की दुनिया में, हर चीज पर बस मेरा हक़ हो,
जो आप बने मुहाफ़िज़ दूसरों के हक़ के,तो क्या बात है ।

अजीब ख़याल
The Battle in the mind

इन दिनों मेरे दिल में बड़े अजीब ख़याल आतें है।
ना चाहत कुछ करने की, ना हसरत कुछ पाने की,
ना जोश-ओ-ख़रोश है जीने में, एक बेदिली है सीने में,
इन दिनों मेरे दिल में क्यों इतने सवाल आतें है।
ना जाने कैसी उलझन में, अकेला छोड़ जातें है।

इन दिनों मेरे दिल में बड़ी मायूसी के ख़याल आतें है।

ना जाने कितने वहमों ने दिल को आ घेरा है,हर सोच पे मेरी लगा कोई
पहरा है।
रोकता है कुछ मुझे खुल के जीने से,लगता है कोई नाराज़ मेरे खुश
रहने से।
अकेलापन मुझे अक्सर बड़ा डराता है,हर दिन नया झूठ नया फरेब ले
आता है,
ऐसे ही तो लोग शायद खुद में सिमटते जातें हैं,
क्यों अकेला रह जाने के ख़याल इस दिल को डराते हैं।

इन दिनों मेरे दिल में बस तबाही के ख़याल आतें है।

बहुत हुआ ये खेल अब आंखमचोली का,करना है सामना अब हर
पहेली का।
अब कोई झूठ मुझे ग़ाफ़िल कर ना पायेगा,अब हर वहम पुरजोर
जवाब पायेगा।
अब यीशु के हाथों में है मेरी फतह और दुश्मन की शिकस्त भी,
अब कोई अकेलापन और डर, मुझ पे हावी ना हो पायेगा,
जब परमेश्वर हो साथ तो आप खुद को अकेला कहाँ पातें है।

अब इस दिल में हरदम अच्छे ख़याल आतें है।

सत्य से कमर कसकर और पहिने धार्मीकता की झिलम,अब हूँ मैं
तैयार,
पांवों में है सुसमाचार की तैयारी के जूते, हाथों में है विश्वास की ढाल।
सर पे पहना है टोप उद्धार का, थामा है परमेश्वर का वचन, जो है
आत्मा की तलवार,
करने सामना दुश्मन के जलते तीरों का,अब तैयार हूँ मैं, लिए परमेश्वर
के सारे हथियार।
यीशु की सामर्थ से हम अपनी हर जंग जीत जातें है।

अब इस दिल में हरदम जीत के ख़याल आतें है।

अकेलेपन में जीना अब मैं ना मंज़ूर करता हूँ,
अपने मन के हर छल को, अब मैं खुद से दूर करता हूँ।
करता हूँ एलान फतह का, अपने जहन की हर झूठी चाल पर,
अपनी आज़ादी अकेलेपन से, आज मैं एलान करता हूँ।
चलिए यीशु को अपना मुहाफ़िज़ बनातें है।

अब इस दिल में हरदम बस, मसीह के ख़याल आतें है।

तूने कुछ चुराया तो नहीं?
Do not steal

लिखा है कलाम में की चोरी न कर, तूने कुछ चुराया तो नहीं।
कहीं छीने तो नहीं किसी के सपने, कहीं किसी का दिल तो दुखाया
नहीं।

कहीं चुराया तो नहीं किसी का बचपन, या मुस्कान किसी की,
लुटा तो नहीं सुख चैन किसी का कहीं कोई घर जलाया तो नहीं ।
तूने कुछ चुराया तो नहीं.......

अपना बना के किसी के मौके, चुरा के धोके से काम किसी का,
करके नाइंसाफी कहीं किसी से, तूने किसी का हक चुराया तो नहीं।
तूने कुछ चुराया तो नहीं.......

हरदम जीतने के जुनूं में, कहीं किया तो नहीं किसी से फरेब,
पूरी करने अपनी हसरतें, कहीं किसी का ख़्वाब मिटाया तो नहीं।
तूने कुछ चुराया तो नहीं ....

करके तंज़ शक्ल सूरत पर, मार के ताना किसी की शख्सियत पर,
बना के मज़ाक किसी बेबस का, उसे खुद की नज़रों में गिराया तो
नहीं।

तूने कुछ चुराया तो नहीं ....

कहीं करके जलील किसी को अपने लब्ज़ों से किसी को तूने रुलाया
तो नहीं,
कहीं देकर चोट किसी की खुदी पे किसी की खुद्दारी को तो झुकाया
नहीं।
तूने कुछ चुराया तो नहीं.......

कहीं छीना तो नहीं किसी से मकसद जिंदगी का, कहीं छीनी तो नहीं
किसी की आखरी उम्मीद,
कभी होकर मदहोश अपनी शोहरत में, किसी का आसरा चुराया तो
नहीं।
तूने कुछ चुराया तो नहीं ....

चोरी दौलत की ही बस एक चोरी नहीं,
एक बार रख के दिल पे हाथ सोच तूने कुछ चुराया तो नहीं,
पूछता है कलाम तुझसे तूने कुछ चुराया तो नहीं.....

मैं हर लत छोड़ दूंगा

Addiction Prevention

आज मत रोकिये जनाब, मैं कल छोड़ दूंगा,
अभी तो शाम का हुआ है आगाज़, मैं कल छोड़ दूंगा।
बरसों से लगी है ये आदत, जाते जाते ही जाएगी,
अभी तो बाकी है उम्र तमाम, मैं हर लत छोड़ दूंगा।

गर अचानक छोड़ दिया पीना, तो जीना मुहाल हो जायेगा,
तबियत होगी नासाज़ बड़ी, हर दोस्त रूठ जायेगा।
एक ही ज़िन्दगी मिली है, जरा खुल के जी लेने दो,
मैं संभाल लूंगा सबकुछ, सब ठीक हो जायेगा।

कितने बहाने कितने फ़साने, मेरे दोस्त अब बनाओगे,
गवां के सेहत लुटा के इज़्ज़त,कब होश में आओगे।
जिंदगी मिली है एक बार ही, इसलिए ही क़द्र करनी है,
तुम सम्भलोगे तभी तो, बाकी सब संभाल पाओगे।

आज तुम्हारी लतों के कारण, सारा परिवार मजबूर है,
इन्ही आदतों के कारण ही, सब बेहतर जीवन से दूर है।
तिनका तिनका बिखर रहा है आशियाना, अब तो जागो,
क्यों आँखे ये तुम्हारी, इतने नशे में चूर है।

गर तोड़ना है ये दुष्चक्र,तो खुद ही द्रढ़ होना होगा,
आज ही हिम्मत करके,हर लत को ना कहना होगा।
लेना होगा आज ही, विश्वास भरा पहला कदम,
आज ही खुद से आँखे मिलाकर, वायदा एक करना होगा।

बाइबिल बताती है, हर चिज़ जो हम पे हावी है हम उसके गुलाम है,
किसी न किसी चीज़ की गिरफ्त में, आज हर कोई इंसान है।
देने मुकम्मल आज़ादी हमे, यीशु जहाँ में आया था,
हमारी आज़ादी का पूरा दाम, उसने अपने लहू से चुकाया था।

अपनी आज़ादी का ख़याल, उस वक़्त ही आपको आएगा,
जब अपनी गुलामी का एहसास आपको हो पायेगा।
ख़ुदा चाहता है आपको, आज़ाद और खुशगवार देखना,
आप एक बार दिल से कोशिश तो कीजिये, ख़ुदा हर लत से छुड़ाएगा।

ख़ुदकुशी का ख़याल
Suicide Prevention

क्या कभी खुद को मिटाने का ख़याल जहन में आया है,
क्या खुद को कभी ज़िन्दगी में, इस दोराहे पर पाया है।
सोचा है कभी की खुद को मिटाना है हर मर्ज़ की दवा,
क्या कभी खुद को ज़िन्दगी से इतना मायूस पाया है।

क्या अपनो से खफा हो जिंदगी बेज़ार लगती है,
क्या दुसरों की हसीं आप को खंजर सी चुबती है।
हमेशा अव्वल रहना,बना है परेशानी का सबब,
दूसरों की बढ़ती उम्मीदें,अब दिल पे बोझ लगती है।

होता नहीं बर्दाश्त खुद की दूसरों से तुलना करना,
अपने रंग रूप और शख्सियत पर किसी का तंज करना।
एक हिन् भावना दिल में अब घर करती जा रही है,
क्या किसी अनहोनी की दस्तक, अब दिल पे आ रही है।

एक छत के नीचे साथ रह पाना, अब बोझ सा लगता है,
सब कुछ मुकम्मल निभा पाना,नामुमकिन सा लगता है।
मैं सब की उम्मीदों पर खरा उतर पाया ही नहीं,
हर रिश्ते का तार अब कमज़ोर सा लगता है।

लगता है चाहे जो भी हो, बस मैं अब ख़ुदकुशी करलूँ
ज़िन्दगी में अब कुछ बचा नहीं, यह ज़िंदगी बस ख़त्म करलूँ।
कर दूँ मैं अब ये ज़िन्दगी मौत के हवाले,
चाहे जैसे भी हो, बस मैं अपनी जान लेलूं।

क्या खुद को मिटा देना ही, हर सवाल का जवाब है,
कीमती है आपकी ज़िन्दगी,ये ज़िन्दगी नायाब है।
एक दिया भी बुझने से पहले,पूरा संगर्ष करता है,
एक सच्चा योद्धा हर लड़ाई को,आखरी साँस तक लड़ता है।

एक लम्हा सब भुलाकर,खुद को फिर से आवाज़ दीजिये,
एक नया मौका अपनी जिंदगी को दोबारा से दीजिये।
निकाल फेंकिए हर वो ख़याल,जो आप की जान लेना चाहता है,
अपनी ज़िन्दगी बचाने का फैसला,आज खुद कीजिये।

यीशु का साथ, जीने की नयी उम्मीद देगा,
चाहे जितनी गहरी हो मायूसी,वो सब दूर कर देगा।
बनोगे आप खुद एक ज़रिया, दूसरों की जान बचाने का,
ऐसी सामर्थ से खुदा,आप को भर देगा।

शादी के मायने
A Sacred Bond

जब दो मैं मिलकर, एक हम बन जातें हैं,
अपनी-अपनी दुनिया से अलग,एक नयी दुनिया बसाते हैं।
कई रस्मों रिवाज़ों से बढ़कर, ये रिश्ता विश्वास से जुड़ा होता है,
मिलाकर अपनी अलग-अलग पहचान दो लोग,एक नयी पहचान बन
जातें हैं।

बस भरोसे पर ही कायम है, ये फैसला साथ रहने का,
जो किया हैं वायदा एकदूसरे से, हर दम साथ देने का।
कहीं किसी आज़माइश में भी, ये भरोसा टूट न जाये,
न तोड़िये ये इक़रार, उम्र भर साथ जीने का।

इस बदलते इस दौर में , शादी के मायने भी बदले नज़र आते हैं,
जब जुड़ते हैं गलत वजहों से रिश्ते, तो गलत ही नतीजे आतें हैं।
कहीं दूर छूट गया है आज दामन, समझौते और समझदारी का,
आज नज़दीकियों की जगह दूरियां हैं, प्यार की जगह ताने कहे जातें
हैं।

आज शादी भी घाटे और फायदे का, सौदा बनी सी लगती है,
किसको क्या मिलेगा इससे, एक होड़ लगी सी दिखती है।

हर कोई आमादा है, दूसरे को निचा दिखने को,
रिश्तों में भी शै और मात की, बाज़ी लगी सी दिखती है।

शादी को परमेश्वर ने, सम्मान का रिश्ता ठहराया है,
दी है आशीष, खुद को इस रिश्ते में गवाह बनाया है।
पत्नी करे आदर पति का,पति करे प्रेम पत्नी से अपनी ही देह के
जैसा,
ये रिश्ता परमेश्वर ने, अपनी ही महिमा के लिए बनाया है।

क्यों रिश्ते बोझ बन जाते हैं, क्यों मज़बूत रिश्ते कच्ची डोर से टूटजाते
हैं,
ताउम्र साथ रहने के वादे वाले, कुछ पल एक छत के निचे रह नहीं
पते।

ख़ुदा मुझसे प्यार करता है
God Loves Me

मैं कौन हूँ जो ख़ुदा मुझसे प्यार करता है,
बेशर्त इस मिट्टी पे सब निसार करता है।

मैं हर बार गिरता हूँ, खो जाता हूँ गुनाहों की वादी में,
वो बचाता है फिर लौटा ले आता है अपनी निगेहबानी में।
बदलता नहीं कभी रुख़ उसका, मुझ पे ये करम बार बार करता है।
मैं कौन हूँ जो ख़ुदा मुझसे प्यार करता है।

क्या दूँ में सिला बदले में उसकी पाक मुहबत का,
चुकाना है मुमकिन नहीं, कोई दाम उस रहम का।
करूँ में भी उससे मुहबत वैसे ही , बस वो इतनी ही दरकार करता है,
मैं कौन हूँ जो ख़ुदा मुझसे प्यार करता है।

बनाके मुझे काबिज़ सारी कायनात पर, बक्शी है लियाक़त आजाद
फैसले की,
पर मैं चुनता हूँ गलत और सोचता भी हूँ अक्सर गलत ही करने की।
रेहमत फिर भी अपनी बरक़रार रखता है, प्यार ही इतना बेशुमार
करता है,
मैं कौन हूँ जो ख़ुदा मुझसे प्यार करता है।

पिता बनके खामियों को दुरुस्त करता है, माँ जैसा दिलासा भी उसी में
मिलता है,
चलाना चाहता हरदम राहे फ़ज़ल पे, हर कदम वो संभाले रखता है।
ढाल बन संभालता है हर जोखिम से, हर मोड़ पर रहनुमाई बनाए
रखता है,
मैं कौन हूँ जो ख़ुदा मुझसे प्यार करता है।

अपनी खुदगर्ज़ी में करके बगावत, निकल जाता दूर उसकी मेहफ़ूज़
बाहों से,
जब लुटा के सारी दौलत और गवां के सारी इज़्ज़त, भटक के अपनी
राहों से।
जब शर्मसार घर लौटता हूँ, वो बाँहें फैलाये मेरा इंतज़ार करता है,
मैं कौन हूँ जो ख़ुदा मुझसे प्यार करता है।

छुड़ाने मुझ को पापों से,
बचाने मुझ को दोजख से।
चुकाने हर कीमत मेरी एवज़ में, अपना बेटा भी कुर्बान करता है,
मैं कौन हूँ जो ख़ुदा मुझसे प्यार करता है।

हूँ मैं नाकाबिल कुछ लियाकत भी नहीं मुझ में,
रखता हूँ बस भरोसा उस ख़ुदा की रेहमत में।
मैं मानता हूँ के मेरे खातिर वो मर कर फिर ज़िंदा हुआ है,
मैं भी रहुंगा साथ उसके संग जन्नत में, जहाँ कोई नहीं मरता है।
मैं कौन हूँ जो ख़ुदा मुझसे प्यार करता है।

है यकीं मुझे
Sure in My Heart

है यकीं मुझे, कल दूर ये अँधेरा होगा,
गुजर जाएगी ये डर की काली रात, कल उजला सवेरा होगा।

न होगी दिलों में बैचेनी,ना कहीं मातम होगा,
ना लगी होंगी बंदिशें कहीं, ना पाबंदियों का आलम होगा।
खुली ताज़ी हवा में फिर, जिंदगी मुस्कुराएगी,
ना शिकन होगी चेहरों पर, ना मायूसी का पहरा होगा ।

फिर लौटेगी रौनक, सड़कों और बाजारों में,
फिर चहकेगी हँसी, गलियों और चौबारों में।
फिर निकलेंगे हम, बेख़ौफ़ अपने घर से,
तब हर ओर, बस खुशियों का बसेरा होगा।

ये गुज़रता वक्त हमें, एक अलग इंसान बनाएगा,
उबारेगा हमे अपने अहम् से, एक नयी संजिदगी लाएगा।
बताएगा, की हम सभी को परमेश्वर की जरुरत है,
हमारा विश्वास परमेश्वर में, और गहरा होगा।

बाइबिल बताती है मूसा ने, सांप का निशान ऊँचे पर चढ़ाया था,

जिस किसी ने देखा उसे,वो सांपों से बच पाया था।
हमारी जान बचाने, यीशु ऊँचे क्रूस पे चढ़ाया गया,
आज बचने के लिए फिर, हमे वो क्रूस देखना होगा।

हमारी हर तकलीफ से, खुदा भी परेशां होता है,
कई बार बुरा वक्त,गलत फैसलों का अंजाम होता है।
यही मौका है हमें, अपने हर फैसले पे गौर करने का,
कल शायद फिर ये मौका, ना मयस्सर होगा।

प्रति भोर उसकी करुणा, नयी होती जाती है,
बाइबिल हमें हर हाल में, ख़ुश रहना सिखाती है।
यीशु में हम, महिमा से महिमा तक बदलते जातें हैं,
एक बेहतर कल के लिए, हमें आज ही बदलना होगा।

मेरा विश्वास यीशु में, मुझ में धीरज जगाता है,
पाता है वो उद्धार, जो उस पे ईमान लाता है।
खुला है मार्ग मुक्ति का, जो चाहे प्रवेश करे,
मुझे भी यीशु की जरुरत है, ये आप को सोचना होगा।

करनी है हमें क़द्र, परमेश्वर के इस जहान की,
करनी है परवाह अपनी सेहत की,और इज़्ज़त हर इंसान की।
जितना पाया है जहान से, कुछ जहान को लौटाइये भी,
बदलनी होगी सोच अपनी, कुछ आदतों को भी बदलना होगा।

आपकी पहचान
The Real You

आपने खुद को कितना जाना है,
क्या जिस ने जो पहचान दे दी बस वही माना है।

कई बार अनजाने में किसी ने कोई नाम दे दिया,
कभी गुस्से में कभी प्यार से बिन सोचे कुछ कह दिया।
फिर वही नाम आपकी पहचान बन जाता है,
बोलनेवाला इस बात को कभी जान नहीं पाता है।

आपकी शख्सियत की पहचान अक्सर लोग बना देते हैं,
कभी डरपोक, कभी बुद्धू कभी पागल बुला देते हैं।
मत भूलिए जो शब्द आप ने बस मज़ाक में कह दिए,
कई बार ये शब्द किसी की पहचान बन जाते हैं।

दूसरे के शब्दों को अपनी पहचान मत बनने दीजिये,
हर नकारात्मक शब्द को नज़रअंदाज़ कीजिए।
किसी की राय आपके बारे में आपकी राय बन न जाए कहीं,
आप नायाब हैं इस बात पर पूरा भरोसा कीजिए।

लोगों की राय से अलग आप की अपनी शख्सियत है,

जो बनाती है अलग दूसरों से, आप में वो खासियत है।
आप एक आज़ाद इंसान है अपनी अलग पहचान के साथ,
इस बात में सबकी रज़ामंदी की अब क्या ज़रूरत है।

आप मसीह में एक नई सृष्टि हैं इस बात को जानिए,
आप बनाए गए ख़ास मकसद से इस बात को मानिए।
आप नहीं हैं भीड़ का एक गुमनाम चेहरा,
मसीह जीता हैं आप में इस बात को पहचानिये।

वचन में आपको परमेश्वर की संतान बताया है,
आपको यीशु का संगी-वारिस भी ठहराया है।
आप मित्र हो, याजक हो, और हो राज पदाधिकारी भी,
बस आप के ख़ातिर ही यीशु इस दुनिया में आया है।

अपने हाथों की लकीरों में परमेश्वर ने आपका चेहरा बनाया है,
अपनी आंखों की पुतली के समान अपनी आंखों में छुपाया है।
खुद को वैसे देखें जैसे परमेश्वर आपको देखता है,
मत सुनिए की लोग या ज़माना आपको क्या कहता है।

क्या फर्क पड़ता है जो किसी ने कोई नाम दे दिया,
तंज कसके आप पर भला-बुरा कह दिया।
परमेश्वर में अपनी पहचान बरक़रार रखिये,
छोड़ दीजिये जिसने जो कहना था कह दिया।

मुक्ति का मार्ग
The Way of Salvation

कभी सोचा है, इस जहां से विदा होकर कहाँ जाओगे,
ताउम्र जैसे जीया है उसका सिला आखिर क्या पाओगे।

अपनी करनी का हर इंसान सही फल पाता है,
मरकर या तो स्वर्ग या फिर नर्क जाता है।
आपके चुनाव पर टीके हैं सारे फैसले,
जो आता है इस जहाँ में, इस जहाँ से जाता है।

हमारे अच्छे कर्म हमे स्वर्ग नहीं लेजा सकते,
अपने दान - पुण्य से हम मोक्ष कमा नहीं सकते।
आपका स्वर्ग जाना परमेश्वर के अनुग्रह पर निर्भर है,
बिना उसकी मर्ज़ी आप उस तक जा नहीं सकते।

इस जीवन में मौक्का है उसको जानने का,
मार्ग सत्य और जीवन को पहचानने का।
मार्ग जानकर ही तो सत्य तक पहुँच पाओगे,
वर्ना चूक जायेगा मौका अनन्त जीवन पाने का।

अपनी मुक्ति का मार्ग हमने नहीं बनाया है,

हमारे कामों के ज़रिये ये वजूद में नहीं आया है।
हम धर्मी अपने अच्छे कामों से नहीं बन गए,
हमे धर्मी परमेश्वर ने अपने अनुग्रह से बनाया है।

मेरी अच्छे काम मेरे पापों को ढांप नहीं सकते,
आप कर्मों से धार्मिकता को आंक नहीं सकते।
हमे धर्मी केवल परमेश्वर स्वयं परमेश्वर ठहराता है,
आप बिना यीशु के धार्मिकता पा नहीं सकते।

चाहे मैं अपनी ही दृष्टि में बड़ा अच्छा हूँ,
चाहे सारी विधियों का पालन करता हूँ।
फिर भी मैं यीशु पर निर्भर हूँ अपने उद्धार के लिए,
बिना यीशु में उद्धार पा नहीं सकता हूँ।

एक बेहतर इन्सान
A Better Me

मैं एक बेहतर इन्सान बनाना चाहता हूँ,
ख़्वाहिश तो बहुत है पर बन नहीं पता हूँ।

भलाई करने का मौका अक्सर सामने ही रहता है,
फिर भी मुझे किसी मौके का इंतज़ार रहता है।
हर दिन गवांता हूँ कई मौके हमदर्दी दिखाने के,
हर बार कुछ अच्छा करने से चूक जाता हूँ।

जिन लोगों ने मेरे साथ बुराई की है,
वो लोग किसी भलाई के लायक नहीं है।
यूँ ठहराता हूँ मैं अपनी नफरत को जायज़,
अपने इस फरेब से निकल नहीं पता हूँ।

परमेश्वर से चाहता हूँ अपने हर गुनाह की माफ़ी,
पर ख़ुद दूसरों को माफ़ करना भूल जाता हूँ।
देकर दलील दूसरों को माफ़ न करने की,
परमेश्वर की बात को टाल जाता हूँ।

मरते दम तक मैं दुश्मनी निभाऊंगा,

मरने के बाद भी दुश्मनी विरासत छोड़ जाऊंगा।
मेरी कड़वाहट मेरी नफरत को अब मेरे बच्चे जिन्दा रखेंगे,
अंजानें में ये बीज मैं उनमें भी बो जाता हूँ।

दूसरों के भले काम देख कर अच्छे लगते हैं,
कैसे लोग मदद को हमेशा तैयार रहते हैं ।
दूसरों से वो भलाई वो मदद पाने का रहता हूँ ख्वाहिशमंद,
पर वो भलाई वो मदद मैं दूसरों की कर नहीं पाता हूँ।

इच्छा तो होती है भले कामों की, पर ये काम हो नहीं पाते हैं,
कभी गुस्सा, कभी अहम् कभी घमंड बीच में आते है।
बिना मन के बदले काम बदलने मुश्किल हैं,
जब मन बदलते हैं तो काम बदल जाते हैं।

परमेश्वर हमारा मन नया कर देता है
पत्थर की जगह नया दिल हमे देता है
भरता है आपको तरस और माफ़ी से
मिटा के कड़वाहट और जलन प्यार हमें देता है

खुदा ने खास मकसद से बनाया है मुझ को
Divinely Designed

खुदा ने खास मकसद से बनाया है मुझ को,
बक्शी है नया जीवन दुनिया में लाने की क़ूवत,
अपने हाथों से सजाया है मुझ को।

किया है इब्तिदा से शरीख खुदा ने मुझे अपनी हर तदबीर में,
बनाया आदम की उस पसली से जो थी उसके दिल के करीब में।
गढ़ कर मुझे भी अपनी ही सूरत में,
एक मुकम्मल साथी बनाया है मुझ को।

दिया है अंजाम हर काम को जो मिला खुदा का फरमान बनकर,
वफ़ादारी से पूरा किया मैं ने कभी रूत,कभी एस्तेर तो कभी राहाब
बनकर।
कभी थी मैं याएल, तो कभी दबोरा,
देने दुश्मन को शिकस्त खुदा ने चुना है मुझ को।

जब आना था खुदा को जमीं पे इंसान बन कर,
तब चुना था मरियम को अपनी माँ होकर।

भर आत्मा से मरियम ये गीत गाने लगी,
रब ने सब औरतों में किया है धन्य मुझको।

कभी खड़ा था वो भीड़ और मेरे दर्मियां, मेरी जान बचाने को,
कभी बैठा पाया उसे चश्मे के पास, मुझे जीवन जल पिलाने को।
कभी बस छू के उसका पाक़ दामन, मैं चंगी हो गयी,
कभी उसने बदरुहों से बचाया है मुझ को।

मैं खुदा की हो गयी मुरीद, पाके माफ़ी गुनाहों से,
भिगोये पांव उसके अपने आँसुओं से, पोछा अपने बालों से।
जहां कहीं कलाम बाटा जायेगा, तो मेरा ज़िक्र ज़रूर आएगा,
अपने कलाम में वो जगह खुदा ने बक्शी है मुझ को।

जी उठने पर मसीहा पहले हुए मुझ पर ज़ाहिर,
सुनाने ये खुशखबरी चेलों को मैं ही थी वहां हाज़िर।
मैं भी थी शामिल वहां जब पाक रूह उतरा था,
अपनी पाक रूह से खुदा ने भरा है मुझ को।

मेरा खुदा जिंदा है
Alive in My God

मेरा यीशु जिंदा है,
देखो खाली पड़ी है क़ब्र,
मेरा खुदा जिंदा है।

क्रूस पर दी उसने, अपनी जान,
मेरे लिए खुद को, किया कुर्बान।
तोड़ कर मौत का बंधन भी,
आज मेरा मसीहा, जिंदा है।

मत खोज उसको आज, मृतकों के बीच में,
मत ढूंढ उसको किसी, बेजान चीज में।
दिल पे तेरे आज वो, दस्तक हे दे रहा,
वो मार्ग सत्य और जीवन, आज जिंदा है।

ना हो मायूस जो आज, पास कोई भी अपना नहीं,
समझ सके जो इस दर्द को, ऐसा जहां में कोई नहीं।
बस एक बार दिल से पुकार उसे, वह सुनता है,
वो दोस्त वो हमदर्द तेरा, आज जिंदा है।

किस बोझ से तू दबा जाता है,
किस चिंता में तू घुला जाता है।
अपनी सारी चिंता का बोझ, आज क्रूस पर डाल दे,
तेरा हर बोझ उठाने को, तेरा मददगार जिंदा है।

खोल दिया उसने मुक्ति का द्वार,
उसके बलिदान से हमें, मिला उद्धार।
हर पाप हर गुनाह उसके लहू से धुल गए,
देने हमे नया जीवन, वो बेटा ख़ुदा का जिंदा है।

जिंदा है खुदावंद मेरा, मेरा रहनुमा ज़िंदा है,
बन के सच्चाई तवारीख में, मेरा निगहबान ज़िंदा है।
जो मर कर तीसरे दिन, फिर जी उठा,
जा बैठा है आसमानी तख्त पर, वो शहंशाह ए दो जहां जिंदा है।

चलो ये पैग़ामे मुहब्बत सबको सुनाएँ,
चलो ये दास्ताने हक़ीक़त हम सब को बताएं।
हर इंसान से खुदा, बेहद प्यार है करता,
अपनी मुहब्बत हम सब पर जताने को, मेरा खुदा हमेशा जिंदा है।

एक सच्चा दोस्त
A Faithful Friend

जिंदगी में अक्सर किसी दोस्त की कमी खलती है,
जब ज़िन्दगी अकेलेपन और तन्हाई से गुज़रती है।

काम और मसरूफियत में दिन निकल जाता है,
हर लम्हा तेजी से जाने कब गुज़र जाता है।
फिर शाम से घड़ी की सुई सुस्त पड़ जाती है,
लम्बी रात मुश्किल से कट नहीं पाती है।

दौड़ते भागते बस वक्त कट जाता है,
हर दिन ज़िन्दगी का एक दिन घट जाता है।
भीड़ में भी ज़िन्दगी तन्हा होती है,
अकेले में मन बड़ा घबराता है।

कभी सोचता हूँ काश कोई ऐसा दोस्त होता,
अपनी तन्हाई का हाल जिससे मैं कह देता।
बता सकता जिसे हर बात अपने मन की,
ज़िन्दगी का हर राज़ जिसके सामने खोल देता।

जो दोस्त बने कभी, उनके अपने सरोकार थे,

59

सब अपने मतलब तक ही वफादार थे।
सच्ची दोस्ती इस दौर में कौन निभा पाता है,
मकसद कर पूरा हर शख्स छोड़ जाता है।

ख़ैर जो छोड़ गए उनके भी अपने संसार थें,
मसरूफ थे सभी सबके कारोबार थे।
अपनी ज़िन्दगी का बोझ तो अकेले ही उठाना है,
अकेले आये हैं अकेले इस जहां से जाना है।

आप की अकेली ज़िन्दगी में कोई आना चाहता है,
कोई है जो आप के दिल पर खटखटाता है।
गर खोलोगे दिल का द्वार तो वो भीतर आएगा,
येशु आप का दोस्त बनना चाहता है।

तन्हाई में वो कभी अकेला न छोड़ेगा,
दिन के हर पहर में साथ आप का देगा।
आप की हर शाम मसीह में नयी शाम होगी,
हर रात वो आपको चैन और आराम देगा।

अपनी तन्हाई के लिए आप ने क्या कुछ न अपनाया है,
खुद को भुलाने के लिए नशा तक आज़माया है।
अब समय है अपनी तन्हाई को विदा कहने का,
भरपूर जिंदगी यीशु आपके लिए लाया है।

खुद की पहचान
Unveiling Your Identity

रब ने हमें जज़्बातों के साथ बनाया है,
मशीन नहीं, हमें इंसान बनाया है।
खुशी और ग़म के सारे एहसास सच्चे हैं,
इसी में तो उसने हमें अपने अक्स में बनाया है।

हर बुरा इंसान भी भलाई की क़ीमत जानता है,
अपने अच्छे और बुरे कामों का अंजाम पहचानता है।
हमारे दिलों पर लिखा है भले और बुरे का दस्तूर,
हर बुरे इंसान का ज़मीर उसे पहचानता है।

हम उसी के बच्चे हैं, हमें उसकी सीरत में ढलना है,
जैसा वह मुकम्मल है, हमें भी मुकम्मल बनना है।
मेरे किसी काम से खुदा न हो कभी मायूस,
मेरे हर काम से मुझे उसे खुश करना है।

खुदा जैसी मोहब्बत, कुर्बानी चाहती है,
खुद की नहीं, दूसरों की सलामती चाहती है।
रखती नहीं हिसाब दूसरों के गुनाहों का,
खुदा से मोहब्बत, माफ़ी चाहती है।

यीशु के पीछे आने के लिए खुद को भूलाना पड़ता है,
करना पड़ता है खुद का इनकार, क्रूस उठाना पड़ता है।
क्रूस के रास्ते से ही हमें फ़तह-ए-जहां मिलती है,
मसीह जैसा बनने के लिए दुख उठाना पड़ता है।

दूसरों को जब आप खुद से बेहतर मानते हैं,
दूसरों की इज़्ज़त करना जानते हैं।
आप बदलते जाते हैं लम्हा-लम्हा खुदा की फ़ितरत में,
तभी हम दूसरों की क़ीमत पहचानते हैं।

जैसा खुदा मुकम्मल है, हमें भी वैसा बनना है,
उस जैसे ही मिज़ाज में हमें भी ढलना है।
आपकी शख़्सियत में हो खुदा के दीदार,
हमें महिमा से महिमा तक उसके जैसा बनना है।

जो ख़्वाहिश है हमेशा रब के साथ रहने की,
जन्नत में खुदा के पास रहने की,
जन्नत का रास्ता इसी जहां से होकर जाता है,
हर विश्वासी यह दुनिया छोड़कर उसके पास जाता है।

इस ग़फलत में न रहना कि सब खुदा के पास जाएंगे,
जो रखते हैं ईमान मसीह पर, वे ही उसे देख पाएंगे।
उस तक पहुँचने का रास्ता तंग है, बड़ा,
सिर्फ़ चुने हुए लोग ही वहाँ तक पहुँच पाएंगे।

कुछ लोग रब को नहीं मानते
Denying the Divine

कुछ लोग रब को नहीं पहचानते,
उनमें है अक्स उसका, यह नहीं मानते।
जोड़ते हैं पहचान खुद की चौपायों से,
इंसान में खुदा ज़िंदा है, ये नहीं जानते।

उनका होना जहाँ में बस एक इत्तेफाक है,
उनकी नज़रों में विश्वास महज़ एक मज़ाक है।
ईश्वर से जुड़ना बर्बादी है समय की,
क्या खो रहे जीवन में, ये नहीं जानते।

बिना बनाने वाले के सब कैसे बन गया?
हर एक ज़र्रा कायनात में कैसे ढल गया?
बिन खोजे कह देना, वजूद उसका है नहीं,
कुछ नहीं से सब कुछ, सब कैसे बन गया?

डर है शायद, जो उसका होना क़बूल कर लेंगे,
तो अपनी ग़लत बातों को कैसे सही ठहराएँगे?
ठहर जाएँगे गर खुदा के सामने जवाबदार,
तो अपनी मनमानी फिर कैसे चलाएँगे?

हमें ख़ुद पर कोई रहबर नहीं चाहिए,
नहीं लेनी ज़िम्मेदारी, ख़ुदा नहीं चाहिए।
आपके चाहने या न चाहने से क्या बदल जाएगा?
ख़ुदा, ख़ुदा है, उसे कोई नहीं बदल पाएगा।

परमेश्वर आत्मा है, उसे आत्मा से ढूँढिए,
विश्वास से खोजिए, आस्था से ढूँढिए।
आपके तर्क और ज्ञान से वो बिलकुल परे है
प्रार्थना करिए, श्रद्धा से ढूँढिए।